대구도시철도공사

차량검수 · 차량운영직
기출동형 모의고사

제 3 회	영 역	직업기초능력평가 기계일반
	문항수	80문항
	시 간	80분
	비 고	객관식 5지선다형

제 3 회 기출동형 모의고사

문항수 : 80문항
시 간 : 80분

직업기초능력평가(40문항)

1. 고객과의 접촉이 잦은 민원실에서 업무를 시작하게 된 신입사원 길동이는 선배사원으로부터 불만이 심한 고객을 응대하는 방법을 배우고 있다. 다음 중 선배사원이 길동이에게 알려준 응대법으로 적절하지 않은 것은?

① "불만이 심한 고객을 맞은 경우엔 응대자를 바꾸어 보는 것도 좋은 방법입니다."
② "나보다 더 책임 있는 윗사람이 고객을 응대한다면 좀 더 효과적인 대응이 될 수도 있습니다."
③ "불만이 심한 고객은 대부분 큰 소리를 내게 될 테니, 오히려 좀 시끄러운 곳에서 응대하는 것이 덜 민망한 방법일 수도 있습니다."
④ "일단 별실로 모셔서 커피나 차를 한 잔 권해 보는 것도 좋은 방법입니다."
⑤ "우선 고객의 화가 누그러질 수 있도록 시간을 버는 게 중요합니다. 급하게 응대하는 것보다 감정이 가라앉을 수 있는 기회를 찾는 것이지요."

2. 중의적 표현에 대한 다음 설명을 참고할 때, 구조적 중의성의 사례가 아닌 것은?

> 중의적 표현(중의성)이란 하나의 표현이 두 가지 이상의 의미로 해석되는 표현을 일컫는다. 그 특징은 해학이나 풍자 등에 활용되며, 의미의 다양성으로 문학 작품의 예술성을 높이는 데 기여한다. 하지만 의미해석의 혼동으로 인해 원활한 의사소통에 방해를 줄 수도 있다.
>
> 이러한 중의성은 어휘적 중의성과 구조적 중의성으로 크게 구분할 수 있다. 어휘적 중의성은 다시 세 가지 부류로 나누는데 첫째, 다의어에 의한 중의성이다. 다의어는 의미를 복합적으로 가지고 있는데, 기본 의미를 가지고 있는 동시에 파생적 의미도 가지고 있어서 그 어휘의 기본적 의미가 내포되어 있는 상태에서 다른 의미로도 쓸 수 있다. 둘째, 어휘적 중의성으로 동음어에 의한 중의적 표현이 있다. 동음어에 의한 중의적 표현은 순수한 동음어에 의한 중의적 표현과 연음으로 인한 동음이의어 현상이 있다. 셋째, 동사의 상적 속성에 의한 중의성이 있다.
>
> 구조적 중의성은 문장의 구조 특성으로 인해 중의성이 일어나는 것을 말하는데, 이러한 중의성은 수식 관계, 주어의 범위, 서술어와 호응하는 논항의 범위, 수량사의 지배범위, 부정문의 지배범주 등에 의해 일어난다.

① 나이 많은 길동이와 을순이가 결혼을 한다.
② 그 녀석은 나와 아버지를 만났다.
③ 영희는 친구들을 기다리며 장갑을 끼고 있었다.
④ 그녀가 보고 싶은 친구들이 참 많다.
⑤ 그건 오래 전부터 아끼던 그녀의 선물이다.

3. 다음 글의 내용과 일치하지 않는 것은?

> 정치 철학자로 알려진 아렌트 여사는 우리가 보통 '일'이라 부르는 활동을 '작업'과 '고역'으로 구분한다. 이 두 가지 모두 인간의 노력, 땀과 인내를 수반하는 활동이며, 어떤 결과를 목적으로 하는 활동이다. 그러나 전자가 자의적인 활동인 데 반해서 후자는 타의에 의해 강요된 활동이다. 전자의 활동을 창조적이라 한다면 후자의 활동은 기계적이다. 창조적 활동의 목적이 작품 창작에 있다면, 후자의 활동 목적은 상품 생산에만 있다.
>
> 전자, 즉 '작업'이 인간적으로 수용될 수 있는 물리적 혹은 정신적 조건하에서 이루어지는 '일'이라면 '고역'은 그 정반대의 조건에서 행해진 '일'이라는 것이다. 인간은 언제 어느 곳에서든지 '일'이라고 불리는 활동에 땀을 흘리며 노력해 왔고, 현재도 그렇고, 아마도 앞으로도 영원히 그럴 것이다. 구체적으로 어떤 종류의 일이 '작업'으로 불릴 수 있고 어떤 일이 '고역'으로 분류될 수 있느냐는 그리 쉬운 문제가 아니다. 그러나 일을 작업과 고역으로 구별하고 그것들을 위와 같이 정의할 때 고역으로서 일의 가치는 부정되어야 하지만 작업으로서 일은 오히려 찬미되고, 격려되며 인간으로부터 빼앗아 가서는 안 될 귀중한 가치라고 봐야 한다.
>
> '작업'으로서의 일의 내재적 가치와 존엄성은 이런 뜻으로서 일과 인간의 인간됨과 뗄 수 없는 필연적 관계를 갖고 있다는 사실에서 생긴다. 분명히 일은 노력과 아픔을 필요로 하고, 생존을 위해 물질적으로는 물론 정신적으로도 풍요한 생활을 위한 도구적 기능을 담당한다.

① 인간은 생존을 위해서 일을 한다.
② 일은 노력, 땀과 인내를 필요로 한다.
③ 일은 어떤 결과를 목적으로 하는 활동이다.
④ 일은 물질적인 것보다 정신적 풍요를 위한 도구이다.
⑤ 작업으로서의 일은 빼앗아 가서는 안 될 귀중한 가치이다.

4. 다음 글의 밑줄 친 ㉠~㉤의 한자 표기에 대한 설명으로 옳은 것은?

> 서울시는 신종 코로나바이러스 감염증 확산 방지를 위해 ㉠ '다중이용시설 동선 추적 조사반'을 구성한다고 밝혔다. 의사출신인 박○○ 서울시 보건의료정책과장은 이날 오후 서울시 유튜브 라이브 방송에 ㉡출연, 코로나바이러스 감염증 관련 대시민 브리핑을 갖고 "시는 2차, 3차 감염발생에 따라 ㉢역학조사를 강화해 조기에 발견하고 관련 정보를 빠르게 제공하려고 한다."라며 이같이 밝혔다. 박 과장은 "확진환자 이동경로공개 ㉣지연에 따라 시민 불안감이 조성된다는 말이 많다."며 "더욱이 다중이용시설의 경우 확인이 어려운 ㉤접촉자가 존재할 가능성도 있다."라고 지적했다.

① ㉠ '다중'의 '중'은 '삼중구조'의 '중'과 같은 한자를 쓴다.
② ㉡ '출연'의 '연'은 '연극'의 '연'과 다른 한자를 쓴다.
③ ㉢ '역학'의 '역'에 해당하는 한자는 '歷'과 '易' 모두 아니다.
④ ㉣ '지연'은 '止延'으로 쓴다.
⑤ ㉤ '접촉'의 '촉'은 '재촉'의 '촉'과 같은 한자를 쓴다.

5. 다음은 ○○교통공사 공지사항 중 일부를 발췌한 것이다. 괄호 안에 들어갈 말로 가장 적절한 것을 고르면?

> -1호선 신차 실물모형 품평회 참여자 공개 모집-
>
> 평소 공사에 관심을 가져 주신 시민 여러분들께 감사드리며, 도시철도의 이용 편리와 안전 확보 등을 위하여 시민을 상대로 다음과 같이 실물모형 품평회를 (　　)하오니 많은 관심과 참여를 바랍니다.
>
> 개최일시 : 2019. 10. 31.(목) 11:00 ~ 16:30
> 장소 : ○○로템㈜ 창원공장(창원시 의창구 소재)
> 내용 : 1호선 신차 실물모형(Mock-Up) 품평회 및 제작공장 견학

① 접수　　② 토론
③ 발표　　④ 개최
⑤ 폐쇄

6. 다음 〈보기〉를 고쳐 쓰기 위한 방안으로 옳지 않은 것은?

> 〈보기〉
>
> 우리나라 가구당 서적 · 인쇄물 구입에 지출한 돈이 월 평균 ㉠1만405원에 불과하다고 한다. 월 평균 3권 이상 읽는 인구 비율은 우리가 14.5%인 데 비해 일본은 17.7%에 달한다. 이처럼 ㉡적은 독서율로는 21세기 문화 전쟁의 시대를 이겨낼 수 없다. 문화 전쟁의 무기는 정보와 지식이고, 책이야말로 검증된 지식과 정보의 원천이기 때문이다. ㉢그러기에 책을 읽지 않는 국민에게는 미래가 없다. 정부는 독서 진흥 방안을 적극 마련해야 한다. 공공 도서관을 ㉣늘이고 양서(良書) 출판도 지원해야 한다. 학교의 ㉤독서 환경과 독서 교육을 더욱 강화해야 한다. 신문이든 책이든 읽는 사람[Reader]이 지도자[Leader]가 된다.

① ㉠ : 수(數)는 '만(萬)'단위로 띄어 써야 하므로 '1만 405원'으로 고친다.

② ㉡ : '비율'은 수치의 높고 낮음을 나타내므로 '낮은'으로 고친다.

③ ㉢ : 앞 문장과의 연결 관계를 고려하여 '그러나'로 고친다.

④ ㉣ : 수나 양을 늘게 한다는 뜻인 '늘리고'로 고친다.

⑤ ㉤ : 서술어와 호응이 되지 않으므로 '독서 환경을 개선하고'로 고친다.

7. 다음 글에 제시된 의사소통의 방법 중 문서적 의사소통에 해당하지 않는 것은?

> 글로벌 무역 회사에서 근무하는 김 씨는 오전부터 밀려드는 업무에 정신이 없다. 오늘 독일의 거래처에서 보내온 수하물 컨테이너 수취확인서를 보내야 하고, 운송장을 작성해야 하는 일이 꼬여 국제전화로 걸려오는 수취확인 문의전화와 다른 거래처의 클레임을 받느라 전화도 불이 난다. 어제 오후 퇴근하기 전 박 대리에게 운송장을 영문으로 작성해 김 씨에게 줄 것을 메모하여 책상 위에 올려놓고 갔는데 박 대리가 못 본 모양이다. 아침에 다시 한 번 이야기했는데 박 대리는 엉뚱한 주문서를 작성해 놓고 말았다. 그래서 다시 박 대리에게 클레임 관련 메일을 보내 놓았다. 오후 회의에서 발표할 주간업무보고서를 작성해야 하는데 시간이 빠듯해서 큰일이다. 하지만 하늘은 스스로 돕는 자를 돕는다는 마음으로 김 씨는 차근차근 업무정리를 시작하였다.

① 거래처에서 보내온 수취확인서

② 업무지시 메모

③ 영문 운송장 작성

④ 수취확인 문의전화

⑤ 주간 업무보고서

8. 다음 글에 대한 내용으로 가장 적절하지 않은 것은?

> 지속되는 불황 속에서도 남 몰래 웃음 짓는 주식들이 있다. 판매단가는 저렴하지만 시장점유율을 늘려 돈을 버는 이른바 '박리다매', '저가 실속형' 전략을 구사하는 종목들이다. 대표적인 종목은 중저가 스마트폰 제조업체에 부품을 납품하는 업체이다. A증권에 따르면 전 세계적으로 200달러 이하 중저가 스마트폰이 전체 스마트폰 시장에서 차지하는 비중은 2015년 11월 35%에서 지난 달 46%로 급증했다. 세계 스마트폰 시장 1등인 B전자도 최근 스마트폰 판매량 가운데 40% 가량이 중저가폰으로 분류된다. 중저가용에 집중한 중국 C사와 D사의 2분기 세계 스마트폰 시장점유율은 전 분기 대비 각각 43%, 23%나 증가해 B전자나 E전자 10%대 초반 증가율보다 월등히 앞섰다. 이에 따라 국내외 스마트폰 업체에 중저가용 부품을 많이 납품하는 F사, G사, H사, I사 등이 조명받고 있다.
>
> 주가가 바닥을 모르고 내려간 대형 항공주와는 대조적으로 저가항공주 주가는 최근 가파른 상승세를 보였다. J항공을 보유한 K사는 최근 두 달 새 56% 상승세를 보였다. 같은 기간 L항공을 소유한 M사 주가도 25% 가량 올랐다. 저가항공사 점유율 상승이 주가 상승으로 이어지는 것으로 보인다. 국내선에서 저가항공사 점유율은 2012년 23.5.%에서 지난 달 31.4%까지 계속 상승해왔다. 홍길동 ㅇㅇ증권 리서치센터장은 "글로벌 복합위기로 주요국에서 저성장 · 저투자 기조가 계속되는 데다 개인들은 부채 축소와 고령화에 대비해야 하기 때문에 소비를 늘릴 여력이 줄었다."며 "값싸면서도 멋지고 질도 좋은 제품이 계속 주목받을 것"이라고 말했다.

① '박리다매'주식은 F사, G사, H사, I사의 주식이다.

② 저가항공사 점유율은 계속 상승세를 보이고 있는 반면 대형 항공주는 주가 하락세를 보였다.

③ 글로벌 복합위기와 개인들의 부채 축소, 고령화 대비에 따라 값싸고 질 좋은 제품이 주목받을 것이다.

④ B전자가 주력으로 판매하는 스마트폰이 중저가 폰에 해당한다.

⑤ J항공과 L항공은 저가항공주이다.

9. **다음의 사전 정보를 활용하여 제품 A, B, C 중 하나를 사려고 한다. 다음 중 생각할 수 없는 상황은?**

- 성능이 좋을수록 가격이 비싸다.
- 성능이 떨어지는 두 종류의 제품 가격의 합은 성능이 가장 좋은 다른 하나의 제품 가격보다 낮다.
- B는 성능이 떨어지는 제품이다.

① A제품이 가장 저렴하다.
② A제품과 B제품의 가격이 같다.
③ A제품과 C제품은 성능이 같다.
④ A제품보다 성능이 좋은 제품도 있다.
⑤ A제품이 가장 비싸다.

10. **다음은 2016 ~ 2018년 A국 10대 수출품목의 수출액에 관한 내용이다. 제시된 표에 대한 〈보기〉의 설명 중 옳은 것만 모두 고른 것은?**

〈표 1〉 A국 10대 수출품목의 수출액 비중과 품목별 세계수출 시장 점유율(금액기준)

(단위 : %)

품목 \ 구분	A국의 전체 수출액에서 차지하는 비중			품목별 세계수출시장에서 A국의 점유율		
연도	2016	2017	2018	2016	2017	2018
백색가전	13.0	12.0	11.0	2.0	2.5	3.0
TV	14.0	14.0	13.0	10.0	20.0	25.0
반도체	10.0	10.0	15.0	30.0	33.0	34.0
휴대폰	16.0	15.0	13.0	17.0	16.0	13.0
2,000cc 이하 승용차	8.0	7.0	8.0	2.0	2.0	2.3
2,000cc 초과 승용차	6.0	6.0	5.0	0.8	0.7	0.8
자동차용 배터리	3.0	4.0	6.0	5.0	6.0	7.0
선박	5.0	4.0	3.0	1.0	1.0	1.0
항공기	1.0	2.0	3.0	0.1	0.1	0.1
전자부품	7.0	8.0	9.0	2.0	1.8	1.7
계	83.0	82.0	86.0	-	-	-

※ A국의 전체 수출액은 매년 변동 없음

〈표 2〉 A국 백색가전의 세부 품목별 수출액 비중

(단위 : %)

세부품목 \ 연도	2016	2017	2018
일반세탁기	13.0	10.0	8.0
드럼세탁기	18.0	18.0	18.0
일반냉장고	17.0	12.0	11.0
양문형 냉장고	22.0	26.0	28.0
에어컨	23.0	25.0	26.0
공기청정기	7.0	9.0	9.0
계	100.0	100.0	100.0

㉠ 2016년과 2018년 선박이 세계수출시장 규모는 같다.
㉡ 2017년과 2018년 A국의 전체 수출액에서 드럼세탁기가 차지하는 비중은 전년대비 매년 감소한다.
㉢ 2017년과 2018년 A국의 10대 수출품목 모두 품목별 세계수출시장에서 A국의 점유율은 전년대비 매년 증가한다.
㉣ 2018년 항공기 세계수출시장 규모는 A국 전체 수출액의 15배 이상이다.

① ㉠, ㉡
② ㉠, ㉢
③ ㉡, ㉢
④ ㉡, ㉣
⑤ ㉡, ㉢, ㉣

11. **다음 글을 근거로 판단할 때, 재산등록 의무자(A ~ E)의 재산등록 대상으로 옳은 것은?**

재산등록 및 공개 제도는 재산등록 의무자가 본인, 배우자 및 직계존·비속의 재산을 주기적으로 등록·공개하도록 하는 제도이다. 이 제도는 재산등록 의무자의 재산 및 변동사항을 국민에게 투명하게 공개함으로써 부정이 개입될 소지를 사전에 차단하여 공직 사회의 윤리성을 높이기 위해 도입되었다.

- 재산등록 의무자 : 대통령, 국무총리, 국무의원, 지방자치단체장 등 국가 및 지방자치단체의 정무직 공무원, 4급 이상의 일반직·지방직 공무원 및 이에 상당하는 보수를 받는 별정직 공무원, 대통령령으로 정하는 외무공무원 등
- 등록대상 친족의 범위 : 본인, 배우자, 본인의 직계존·비속, 다만, 혼인한 직계비속인 여성, 외증조부모, 외조부모 및 외손자녀, 외증손자녀는 제외한다.
- 등록대상 재산 : 부동산에 관한 소유권·지상권 및 전세권, 자동차·건설기계·선박 및 항공기, 합명회사·합자회사 및 유한회사의 출자 지분, 소유자별 합계액 1천만 원 이상의 현금·예금·증권·채권·채무, 품목당 5백만 원 이상의 보석류, 소유자별 연간 1천만 원 이상의 소득이 있는 지식재산권

※ 직계존속 : 부모, 조부모, 증조부모 등 조상으로부터 자기에 이르기까지 직계로 하여 내려온 혈족
※ 직계비속 : 자녀, 손자, 증손 등 자기로부터 아래로 직계로 이어 내려가는 혈족

① 시청에 근무하는 4급 공무원 A의 동생이 소유한 아파트
② 시장 B의 결혼한 딸이 소유한 1,500만 원의 정기예금
③ 도지사 C의 아버지가 소유한 연간 600만 원의 소득이 있는 지식재산권
④ 정부부처 4급 공무원 상당의 보수를 받는 별정직 공무원 D의 아들이 소유한 승용차
⑤ 정부부처 4급 공무원 E의 이혼한 전처가 소유한 1,000만 원 상당의 다이아몬드

12. 다음 글을 근거로 판단할 때 옳은 것은?

○○리그는 10개의 경기장에서 진행되는데, 각 경기장은 서로 다른 도시에 있다. 또 이 10개 도시 중 5개는 대도시이고 5개는 중소도시이다. 매일 5개 경기장에서 각각 한 경기가 열리면 한 시즌 당 각 경기장에서 열리는 경기의 횟수는 10개 경기장 모두 동일하다.

대도시의 경기장은 최대수용인원이 3만 명이고, 중소도시의 경기장은 최대수용인원이 2만 명이다. 대도시 경기장의 경우는 매 경기 60%의 좌석 점유율을 나타내고 있는 반면 중소도시 경기장의 경우는 매 경기 70%의 좌석 점유율을 보이고 있다. 특정 경기장의 관중수는 그 경기장의 좌석 점유율에 최대수용인원을 곱하여 구한다.

① ○○리그의 1일 최대 관중수는 16만 명이다.
② 중소도시 경기장의 좌석 점유율이 10%p 높아진다면 대도시 경기장 한 곳의 관중수보다 중소도시 경기장 한 곳의 관중수가 더 많아진다.
③ 내년 시즌부터 4개의 대도시와 6개의 중소도시에서 경기가 열린다면 ○○리그의 한 시즌 전체 누적 관중수는 올 시즌 대비 2.5% 줄어든다.
④ 대도시 경기장의 좌석 점유율이 중소도시 경기장과 같고 최대수용인원은 그대로라면, ○○리그의 1일 평균 관중수는 11만 명을 초과하게 된다.
⑤ 중소도시 경기장의 최대수용인원이 대도시 경기장과 같고 좌석 점유율은 그대로라면, ○○리그의 1일 평균 관중수는 11만 명을 초과하게 된다.

13. 다음 연차수당 지급규정과 연차사용 내역을 참고로 할 때, 현재 지급받을 수 있는 연차수당의 금액이 같은 두 사람은 누구인가? (단, 일 통상임금=월 급여 ÷ 200시간 × 8시간, 만 원 미만 버림 처리한다)

제60조(연차 유급휴가)
① 사용자는 1년간 80퍼센트 이상 출근한 근로자에게 15일의 유급휴가를 주어야 한다.
② 사용자는 계속하여 근로한 기간이 1년 미만인 근로자 또는 1년간 80퍼센트 미만 출근한 근로자에게 1개월 개근 시 1일의 유급휴가를 주어야 한다.
③ 사용자는 근로자의 최초 1년간의 근로에 대하여 유급휴가를 주는 경우에는 제2항에 따른 휴가를 포함하여 15일로 하고, 근로자가 제2항에 따른 휴가를 이미 사용한 경우에는 그 사용한 휴가 일수를 15일에서 뺀다.
④ 사용자는 3년 이상 계속하여 근로한 근로자에게는 제1항에 따른 휴가에 최초 1년을 초과하는 계속 근로 연수 매 2년에 대하여 1일을 가산한 유급휴가를 주어야 한다. 이 경우 가산휴가를 포함한 총 휴가 일수는 25일을 한도로 한다.
⑤ 사용자는 제1항부터 제4항까지의 규정에 따른 휴가를 근로자가 청구한 시기에 주어야 하고, 그 기간에 대하여는 취업규칙 등에서 정하는 통상임금 또는 평균임금을 지급하여야 한다. 다만, 근로자가 청구한 시기에 휴가를 주는 것이 사업 운영에 막대한 지장이 있는 경우에는 그 시기를 변경할 수 있다.
⑥ 제1항부터 제3항까지의 규정을 적용하는 경우 다음 각 호의 어느 하나에 해당하는 기간은 출근한 것으로 본다.
1. 근로자가 업무상의 부상 또는 질병으로 휴업한 기간
2. 임신 중의 여성이 제74조제1항부터 제3항까지의 규정에 따른 휴가로 휴업한 기간
⑦ 제1항부터 제4항까지의 규정에 따른 휴가는 1년간 행사하지 아니하면 소멸된다. 다만, 사용자의 귀책사유로 사용하지 못한 경우에는 그러하지 아니하다.

직원	근속년수	월 급여(만 원)	연차사용일수
김 부장	23년	500	19일
정 차장	14년	420	7일
곽 과장	7년	350	14일
남 대리	3년	300	5일
임 사원	2년	270	3일

① 김 부장, 임 사원
② 정 차장, 곽 과장
③ 곽 과장, 남 대리
④ 김 부장, 남 대리
⑤ 정 차장, 남 대리

14. 다음에 제시된 명제들이 모두 참일 경우, 이 조건들에 따라 내릴 수 있는 결론으로 적절한 것은?

> a. 인사팀을 좋아하지 않는 사람은 생산팀을 좋아한다.
> b. 기술팀을 좋아하지 않는 사람은 홍보팀을 좋아하지 않는다.
> c. 인사팀을 좋아하는 사람은 비서실을 좋아하지 않는다.
> d. 비서실을 좋아하지 않는 사람은 홍보팀을 좋아한다.

① 홍보팀을 싫어하는 사람은 인사팀을 좋아한다.
② 비서실을 싫어하는 사람은 생산팀도 싫어한다.
③ 기술팀을 싫어하는 사람은 생산팀도 싫어한다.
④ 생산팀을 좋아하는 사람은 기술팀을 싫어한다.
⑤ 생산팀을 좋아하지 않는 사람은 기술팀을 좋아한다.

15. A, B, C, D, E 다섯 명의 기사가 점심 식사 후 철로 보수작업을 하러 가야 한다. 다음의 조건을 모두 만족할 경우, 항상 거짓인 것은?

> • B는 C보다 먼저 작업을 하러 나갔다.
> • A와 B 두 사람이 동시에 가장 먼저 작업을 하러 나갔다.
> • E보다 늦게 작업을 하러 나간 사람이 있다.
> • D와 동시에 작업을 하러 나간 사람은 없었다.

① E는 D보다 먼저 작업을 하러 나가게 되었다.
② C와 D 중, C가 먼저 작업을 하러 나가게 되었다.
③ B가 D보다 늦게 작업을 하러 나가게 되는 경우는 없다.
④ A는 C나 D보다 먼저 작업을 하러 나가게 되었다.
⑤ E가 C보다 먼저 작업을 하러 나가게 되는 경우는 없다.

16. M사의 총무팀에서는 A 부장, B 차장, C 과장, D 대리, E 대리, F 사원이 각각 매 주말마다 한 명씩 사회봉사활동에 참여하기로 하였다. 이들이 다음에 따라 사회봉사활동에 참여할 경우, 두 번째 주말에 참여할 수 있는 사람으로 짝지어진 것은?

> 1. B 차장은 A 부장보다 먼저 봉사활동에 참여한다.
> 2. C 과장은 D 대리보다 먼저 봉사활동에 참여한다.
> 3. B 차장은 첫 번째 주 또는 세 번째 주에 봉사활동에 참여한다.
> 4. E 대리는 C 과장보다 먼저 봉사활동에 참여하며, E 대리와 C 과장이 참여하는 주말 사이에는 두 번의 주말이 있다.

① A 부장, B 차장
② D 대리, E 대리
③ E 대리, F 사원
④ B 차장, C 과장, D 대리
⑤ E 대리

17. 다음 사례에서 오부장이 취할 행동으로 가장 적절한 것은?

> 오부장이 다니는 J의류회사는 전국 각지에 매장을 두고 있는 큰 기업 중 하나이다. 따라서 매장별로 하루에도 수많은 손님들이 방문하며 그 중에는 옷에 대해 불만을 품고 찾아오는 손님들도 간혹 있다. 하지만 고지식하며 상부의 지시를 중시여기는 오부장은 이러한 사소한 일들도 하나하나 보고하여 상사의 지시를 받으라고 부하직원들에게 강조하고 있다. 그러다 보니 매장 직원들은 사소한 문제 하나라도 스스로 처리하지 못하고 일일이 상부에 보고를 하고 상부의 지시가 떨어지면 그때서야 문제를 해결한다. 이로 인해 자연히 불만고객에 대한 대처가 늦어지고 항의도 잇따르게 되었다. 오늘도 한 매장에서 소매에 단추 하나가 없어 이를 수선해 줄 것을 요청하는 고객의 불만을 상부에 보고해 지시를 기다리다가 결국 고객이 기다리지 못하고 환불요청을 한 사례가 있었다.

① 오부장이 직접 그 고객에게 가서 불만사항을 처리한다.
② 사소한 업무처리는 매장 직원들이 스스로 해결할 수 있도록 어느 정도 권한을 부여한다.
③ 매장 직원들에게 고객의 환불요청에 대한 책임을 물어 징계를 내린다.
④ 앞으로 이러한 실수가 일어나지 않도록 옷을 수선하는 직원들의 교육을 다시 시킨다.
⑤ 사소한 일도 상사에게 보고하여 지시를 받도록 한다.

18. 무역회사에 근무하는 팀장 S씨는 오전 회의를 통해 신입사원 O가 작성한 견적서를 살펴보았다. 그러던 중 다른 신입사원에게 지시한 주문양식이 어떻게 진행되고 있는지를 묻기 위해 신입사원 M을 불렀다. M은 "K가 제대로 주어진 업무를 하지 못하고 있어서 저는 아직까지 계속 기다리고만 있습니다. 그래서 아직 완성하지 못했습니다."라고 하였다. 그래서 K를 불러 물어보니 "M의 말은 사실이 아닙니다."라고 변명을 하고 있다. 팀장 S씨가 할 수 있는 가장 효율적인 대처방법은?

① 사원들 간의 피드백이 원활하게 이루어지는지 확인한다.
② 팀원들이 업무를 하면서 서로 협력을 하는지 확인한다.
③ 의사결정 과정에 잘못된 부분이 있는지 확인한다.
④ 중재를 하고 문제가 무엇인지 확인한다.
⑤ 팀원들이 어떻게 갈등을 해결하는지 지켜본다.

19. 제약회사 영업부에 근무하는 U씨는 영업부 최고의 성과를 올리는 영업사원으로 명성이 자자하다. 그러나 그런 그에게도 단점이 있었으니 그것은 바로 서류 작업을 정시에 마친 적이 없다는 것이다. U씨가 회사로 복귀하여 서류 작업을 지체하기 때문에 팀 전체의 생산성에 차질이 빚어지고 있다면 영업부 팀장인 K씨의 행동으로 올바른 것은?

① U씨의 영업실적은 뛰어나므로 다른 직원에게 서류 작업을 지시한다.
② U씨에게 퇴근 후 서류 작업을 위한 능력을 개발하라고 지시한다.
③ U씨에게 서류작업만 할 수 있는 아르바이트 직원을 붙여준다.
④ U씨로 인한 팀의 분위기를 설명하고 해결책을 찾아보라고 격려한다.
⑤ U씨의 서류작업을 본인이 처리한다.

20. 인간관계에서 신뢰를 구축하는 방법으로 가장 거리가 먼 것은?

① 상대에 대한 이해와 양보
② 사소한 일에 대한 관심
③ 무조건적인 사과
④ 언행일치
⑤ 감사하는 마음

21. 다음 중 팀워크에 대한 설명으로 옳지 않은 것은?

① 훌륭한 팀워크를 유지하기 위해서는 솔직한 대화로 서로를 이해하는 과정이 필요하다.
② 질투나 시기로 인한 파벌주의는 팀워크를 저해하는 요소이다.
③ 팀워크를 위해서는 공동의 목표의식과 상호 간의 신뢰가 중요하다.
④ 팀워크란 구성원으로 하여금 집단에 머물도록 만들고, 그 집단에 계속 남아 있기를 원하게 만드는 힘이다.
⑤ 구성원 상호간에 지원을 아끼지 않는다.

22. 다음에서 설명하는 갈등해결방법은?

자신에 대한 관심은 낮고 상대방에 대한 관심은 높은 경우로, '나는 지고 너는 이기는 방법'이다. 주로 상대방이 거친 요구를 해오는 경우 전형적으로 나타난다.

① 회피형 ② 경쟁형
③ 수용형 ④ 타협형
⑤ 통합형

23. 다음 중 협상에서 주로 나타나는 실수와 그 대처방안이 잘못된 것은?

① 준비되기도 전에 협상이 시작되는 경우 아직 준비가 덜 되었음을 솔직히 말하고 상대방의 입장을 묻는 기회로 삼는다.
② 협상 상대가 협상에 대하여 타결권한을 가진 최고책임자인지 확인하고 협상을 시작한다.
③ 협상의 통제권을 잃을까 두려워하지 말고 의견 차이를 조정하면서 최선의 해결책을 찾기 위해 노력한다.
④ 설정한 목표와 한계에서 벗어나지 않기 위해 한계와 목표를 기록하고 협상의 길잡이로 삼는다.
⑤ 협상 당사자 간에 기대하는 바에 일관성 있게 헌신적으로 부응한다.

24. 다음 사례에 나타난 리더십 유형의 특징으로 옳은 것은?

> 이번에 새로 팀장이 된 대근은 입사 5년차인 비교적 젊은 팀장이다. 그는 자신의 팀에 있는 팀원들은 모두 나름대로의 능력과 경험을 가지고 있으며 자신은 그들 중 하나에 불과하다고 생각한다. 따라서 다른 팀의 팀장들과 같이 일방적으로 팀원들에게 지시를 내리거나 팀원들의 의견을 듣고 그 중에서 마음에 드는 의견을 선택적으로 추리는 등의 행동을 하지 않고 평등한 입장에서 팀원들을 대한다. 또한 그는 그의 팀원들에게 의사결정 및 팀의 방향을 설정하는데 참여할 수 있는 기회를 줌으로써 팀 내 행동에 따른 결과 및 성과에 대해 책임을 공유해 나가고 있다. 이는 모두 팀원들의 능력에 대한 믿음에서 비롯된 것이다.

① 질문을 금지한다.
② 모든 정보는 리더의 것이다.
③ 실수를 용납하지 않는다.
④ 책임을 공유한다.
⑤ 핵심정보를 공유하지 않는다.

▌25~26▌ 다음은 H사가 판매하는 로봇 청소기 제품인 '클린킹'의 사용 설명서이다. 사용 설명서를 보고 이어지는 물음에 답하시오.

〈각 버튼의 기능 - 클린 킹〉

버튼	기능
예약 버튼	• 예약한 시간만큼 경과된 후에 청소를 시작하도록 설정할 경우 사용 • 예약 시간은 1시간 단위로 최대 12시간 이내에서 설정 • 충전대 밖에서 예약 청소를 시작할 경우 청소 시간이 줄어들 수 있으므로 가급적 충전대에 붙어있는 상태에서 사용 권장 • 먼지통이 없으면 예약 설정이 제한됨
시작/정지 버튼	• 전원을 켜고 끄거나, 청소를 시작하고 정지할 때 사용 • 전원이 켜진 상태에서 누르면 자동으로 청소 시작 • 자동 청소 중 누르면 정지 • 전원이 켜진 상태에서 약 2초간 누르고 있으면 전원이 꺼짐 • 예약된 상태에서 누르면 예약이 취소됨 • 스마트 진단 상태에서 누르면 스마트 진단이 종료됨
충전 버튼	• 클린킹을 충전대로 이동시켜 배터리를 충전할 경우 사용 • 청소를 완료하거나 배터리가 부족한 경우, 버튼을 누르지 않아도 자동으로 충전대로 이동하여 배터리를 충전함
스마트 진단 버튼	• 스마트 진단 기능을 사용할 경우에 사용 • 충전대에 붙어있는 경우에 3초간 누르면 스마트 진단 시작 • 스마트 진단이 완료 된 후 버튼을 한 번 더 누르면 음성안내를 다시 들을 수 있음

〈각 버튼의 기능 – 리모컨〉

버튼	기능
A	클린킹이 청소를 시작합니다.
B	반경 1m의 공간만을 집중적으로 청소합니다.
C	사용자가 원하는 방향으로 클린킹이 전, 후, 좌, 우로 움직이며 청소합니다.
D	클린킹이 꼼꼼 청소 방식으로 청소합니다.
E	클린킹을 충전대로 이동하여 배터리를 충전합니다.
F	청소를 1~12시간 이후에 시작하도록 예약합니다.
G	동작 중인 클린킹이 정지합니다. 청소를 예약한 경우 예약이 취소됩니다. 스마트 진단 기능 작동 중 스마트 진단이 취소됩니다.
H	클린킹이 지그재그 주행 방식으로 청소합니다.

- 리모컨을 사용하여 클린킹의 전원을 켤 수는 없습니다.
- 본체 전원이 꺼진 상태에서는 리모컨이 동작하지 않습니다.
- 전원을 켜고 끄기는 클린킹 상단의 '시작/정지' 버튼을 이용하세요.
- 집중 청소, 청소 예약, 지그재그 청소, 꼼꼼 청소는 클린킹을 정지시키고 실행시켜 주세요.

25. **다음 중 위의 클린킹 사용설명서를 올바르게 이해한 설명은 어느 것인가?**

① 평소 청소 시간인 20분보다 더 긴 30분 간 청소를 하기 위해서는 예약버튼을 사용하여 청소 시간을 30분으로 설정하면 된다.

② 클린킹의 본체와 리모컨의 충전 버튼은 동일한 기능을 수행한다.

③ 스마트 진단 기능을 정지하려면 반드시 본체의 '스마트 진단' 버튼을 눌려야 한다.

④ 원하는 방향으로 클린킹을 이동시키며 청소하고자 할 때는 스마트 설정 기능을 사용한다.

⑤ 본체나 리모컨의 시작 버튼을 누르기 전 본체 후면 하단부의 전원 버튼이 눌러져 있는지를 반드시 확인하여야 한다.

26. **다음 중 클린킹을 구매한 A씨의 적절한 사용 사례가 아닌 것은 어느 것인가?**

① A씨는 특정 장소를 집중 청소하기 위하여 지그재그 모드에서 집중 청소 모드로의 전환을 위하여 청소 중이던 클린킹을 정지시켰다.

② A씨는 청소 예약시간보다 일찍 청소를 시작하기 위하여 예약된 청소시간을 취소하고자 리모컨의 정지 버튼을 눌렀다.

③ 청소를 마친 A씨는 정지 버튼을 눌러 클린킹의 작동을 멈추었고 전원을 끄기 위해 다시 정지 버튼을 좀 더 길게 눌렀다.

④ 예약 청소를 설정하기 전에 A씨는 먼지통이 부착되어 있는지 여부와 클린킹이 충전대에 붙어있는지 여부를 확인하였다.

⑤ A씨는 리모컨으로 클린킹의 전원을 켜고자 하였으나 작동하지 않자, 리모컨의 배터리를 새것으로 교체하였다.

27. **기술융합이란 4대 핵심기술인 나노기술(NT), 생명공학기술(BT), 정보기술(IT), 인지과학(Cognitive science)이 상호 의존적으로 결합되는 것을 의미한다. 다음 중 자동차에 이용된 융합 기술이 아닌 것은 어느 것인가?**

① 증강현실을 이용한 차량 정보 통합 기술

② 운행시의 사고요소 감지 기술

③ 자동 속도 제어 기술

④ 무인자동차 기술

⑤ 친환경 하이브리드 자동차 기술

28. 다음은 ISBN 코드와 13자리 번호체계를 설명하는 자료이다. 다음 내용을 참고로 할 때, 빈 칸 'A'에 들어갈 마지막 '체크기호'의 숫자는 무엇인가?

국가번호 서명식별번호

↓ ↓

ISBN 978 - 3 - 16 - 148410 - 0

↑ ↑ ↑

접두부 발행자번호 체크기호

〈체크기호 계산법〉

1단계 – ISBN 처음 12자리 숫자에 가중치 1과 3을 번갈아 가며 곱한다.

2단계 – 각 가중치를 곱한 값들의 합을 계산한다.

3단계 – 가중치의 합을 10으로 나눈다.

4단계 – 3단계의 나머지 값을 10에서 뺀 값이 체크기호가 된다. 단 나머지가 0인 경우의 체크기호는 0이다.

ISBN 938-15-93347-12-A

① 5 ② 6

③ 7 ④ 8

⑤ 9

29. 다음은 새로 구입한 TV에 이상이 생긴 경우 취할 수 있는 조치방법에 관한 사용자 매뉴얼의 일부 내용이다. ㉠~㉤ 중, 사용자 매뉴얼의 다른 항목 사용법을 추가로 확인해 보아야 할 필요가 없는 것은 어느 것인가?

TV가 이상해요	이렇게 해보세요!
㉠ 화면이 전체화면으로 표시되지 않아요.	HD 채널에서 일반 화질(4:3)의 콘텐츠가 재생되면 화면 양쪽에 검은색 여백이 나타납니다. 화면 비율이 TV와 다른 영화를 감상할 때, 화면 위/아래에 검은색 여백이 생겨납니다. 외부 기기의 화면 크기를 조정하거나 TV를 전체 화면으로 설정하세요.
㉡ '지원하지 않는 모드입니다.' 라는 메시지가 나타났어요.	TV에서 지원하는 해상도인지 확인하고 이에 따라 외부 기기의 출력 해상도를 조정하세요.
㉢ TV 메뉴에서 자막이 회색으로 표시돼요.	외부 기기가 HDMI 케이블로 연결된 경우 자막 메뉴를 사용할 수 없습니다. 외부 기기의 자막 기능이 활성화돼 있어야 합니다.
㉣ 화면에 왜곡 현상이 생겨요.	특히 스포츠나 액션 영화 같은 빠르게 움직이는 화면에서 동영상 콘텐츠의 압축 때문에 화면 왜곡 현상이 나타날 수 있습니다. 신호가 약하거나 좋지 않은 신호는 화면 왜곡을 유발할 수 있으며, TV 근처(1m 이내)에 휴대폰이 있다면 아날로그와 디지털 채널의 화면에 노이즈가 발생할 수 있습니다.
㉤ 설정된 값이 TV가 꺼질 때마다, 또는 5분이 지나면 사라져요.	사용모드가 매장모드로 돼 있으면 5분마다 화면 및 음향 설정이 초기화됩니다. 사용모드(메뉴 계속 고객 지원 사용모드)를 가정모드로 변경하세요.

① ㉠ ② ㉡

③ ㉢ ④ ㉣

⑤ ㉤

30. 다음 글에서 소개된 음식물 쓰레기 관리시스템에 사용된 기술이 일상생활에 적용된 사례로 적절하지 않은 것은 어느 것인가?

> 오는 2022년까지 전국 아파트 942만 가구에 '무선인식(RFID) 음식물 쓰레기 종량기' 설치가 의무화된다. 비용 부담 방식은 정해지지 않았지만 아파트 단지 입주자에게 국비를 일부 지원해주는 형태가 될 가능성이 높다.
>
> 20일 환경부 관계자는 "2020년까지 전국 아파트 단지 내 RFID 종량기 설치를 완료할 계획"이라며 "이후 단독주택과 소형음식점으로도 설치 의무 대상을 확대할 것"이라고 밝혔다.
>
> RFID 종량기 설치 의무화는 정부가 지난 4일 발표한 '자원순환기본계획'에 따라 폐기물 발생을 최소화하기 위한 정책의 일환이다. RFID 종량기는 음식물 쓰레기를 버리면 무게에 따라 수수료를 부과하는 기계다. 음식물 쓰레기를 최대 35% 줄이는 효과가 있다.
>
> 적용 대상은 전국의 의무관리대상 아파트다. RFID 종량기의 특성상 운영을 위한 관리 인력이 필수이기 때문이다. 공동주택관리법상 의무관리대상 아파트는 300가구 이상 공동주택이나 승강기가 설치된 150가구 이상 공동주택이 해당한다. 지난달 기준 전국 1만 5,914단지 941만 7,975가구 규모다. 이 중 350~400만 가구는 이미 RFID 종량기 설치를 완료한 상태로 파악된다.
>
> 설치비용은 1대당 175만 원 수준이다. RFID는 가구 밀집도에 따라 50~80가구당 1대를 설치하는 것이 일반적이다. 1,000가구 규모 대단지의 경우 최대 3,500만 원 가량의 비용이 발생할 것으로 보인다.

① 교통카드와 고속도로 하이패스
② 농산물의 이력 관리
③ 직원들의 근태관리 및 출입 통제
④ 편의점에서 스캐닝을 통하여 판매되는 음료수
⑤ 제품의 이동, 반출입을 관리하는 물류창고

▌31~32▐ 다음은 에어컨 실외기 설치 시의 주의사항을 설명하는 글이다. 다음을 읽고 이어지는 물음에 답하시오.

> 〈실외기 설치 시 주의사항〉
>
> 실외기는 다음의 장소를 선택하여 설치하십시오.
> - 실외기 토출구에서 발생되는 뜨거운 바람 및 실외기 소음이 이웃에 영향을 미치지 않는 장소에 설치하세요. (주거지역에 설치 시, 운전 시간대에 유의하여 주세요.)
> - 실외기를 도로상에 설치 시, 2M 이상의 높이에 설치하거나, 토출되는 열기가 보행자에게 직접 닿지 않도록 설치하세요. (건축물의 설비 기준 등에 관한 규칙으로 꼭 지켜야 하는 사항입니다.)
> - 보수 및 점검을 위한 서비스 공간이 충분히 확보되는 장소에 설치하세요.
> - 공기 순환이 잘되는 곳에 설치하세요.(공기가 순환되지 않으면, 안전장치가 작동하여 정상적인 운전이 되지 않을 수 있습니다.)
> - 직사광선 또는 직접 열원으로부터 복사열을 받지 않는 곳에 설치하여야 운전비가 절약됩니다.
> - 실외기의 중량과 운전 시 발생되는 진동을 충분히 견딜 수 있는 장소에 설치하세요. (강도가 약할 경우, 실외기가 넘어져 사고의 위험이 있습니다.)
> - 빗물이 새거나 고일 우려가 없는 평평한 장소에 설치하세요.
> - 황산화물, 암모니아, 유황가스 등과 같은 부식성 가스가 존재하는 곳에 실내기 및 실외기를 설치하지 마세요.
> - 해안지역과 같이 염분이 다량 함유된 지역에 설치 시, 부식의 우려가 있으므로 특별한 유지관리가 필요합니다.
> - 히트펌프의 경우, 실외기에서도 드레인이 발생됨으로 배수처리 및 설치되는 바닥의 방수가 용이한 곳에 설치하세요. (배수가 용이하지 않을 경우, 물이 얼어 낙하사고와 제품 파손이 될 수 있으므로 각별한 주의가 필요합니다.)
> - 강풍이 불지 않는 장소에 설치하여 주세요.
> - 실내기와 실외기의 냉매 배관 허용 길이 내에 배관 접속이 가능한 장소에 설치하세요.

31. 다음은 에어컨 설치 순서를 그림으로 나타낸 것이다. 위의 실외기 설치 시 주의사항을 참고할 때 빈 칸에 들어갈 가장 적절한 말은 어느 것인가?

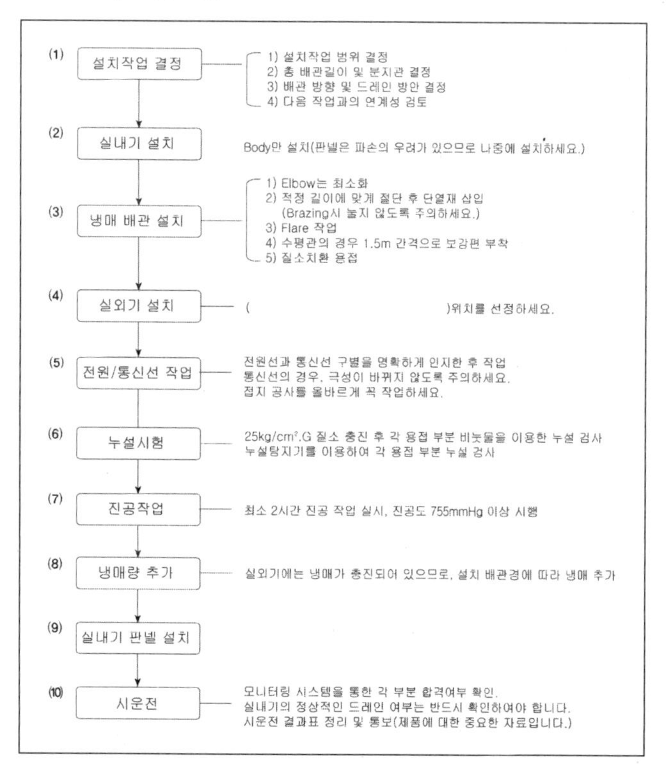

① 전원의 위치 및 전선의 길이를 감안한

② 이웃에 설치된 실외기와의 적정 공간을 감안한

③ 집밖에서 보았을 때 전체적인 미관을 손상시키는지를 감안한

④ 실내기와의 적정 거리를 충분히 유지할 수 있는지를 감안한

⑤ 배관에 냉매가 충진되어 있으므로 배관 길이를 감안한

32. 위의 실외기 설치 시 주의사항을 참고하여 설치한 다음 실외기 설치 방법 중 주의사항에서 설명한 내용에 부합되는 방법이라고 볼 수 없는 것은 어느 것인가?

① 실외기를 콘크리트 바닥면에 설치 시 기초지반 사이에 방진패드를 설치하였다.

② 실외기 토출구 열기가 보행자에게 닿지 않도록 토출구를 안쪽으로 돌려 설치하였다.

③ 실외기를 안착시킨 후 앵커볼트를 이용하여 제품을 단단히 고정하였다.

④ 주변에 배수구가 있는 베란다 창문 옆에 설치하였다.

⑤ 여러 대의 실외기가 설치된 곳에 실외기 간의 공간을 충분히 확보하여 설치하였다.

33. 다음은 근로윤리에 있어 기본이 되는 덕목을 설명하는 글이다. 다음 글의 빈 칸 (가)와 (나)에 들어갈 적절한 말은 순서대로 각각 어느 것인가?

> 사회시스템은 구성원 서로가 신뢰하는 가운데 운영이 가능한 것이며, 그 신뢰를 형성하고 유지하는데 필요한 가장 기본적이고 필수적인 규범이 바로 (가)인 것이다.
>
> 그러나 우리 사회의 (가)은(는) 아직까지 완벽하지 못하다. 거센 역사의 소용돌이 속에서 여러 가지 부당한 핍박을 받은 경험이 있어서 그럴 수도 있지만, 원칙보다는 집단내의 정과 의리를 소중히 하는 문화적 정서도 그 원인이라 할 수 있다.
>
> (나)은(는) 일관된 마음과 정성의 덕이다. 자식에 대한 어머니의 정성이 대표적인 한국인의 '정성스러움'이다. 우리는 정성스러움을 '진실하여 전연 흠이 없는 완전한 상태에 도달하고자 하는 사람이 선을 택하여 노력하는 태도'라 말할 수 있다. 그러한 태도가 보통 사람들의 삶 속으로 스며들면서 자신의 일에 최선을 다하고자 하는 마음자세로 연결되었다고 볼 수 있다. '지성(至誠)이면 감천(感天)이다' 혹은 '진인사대천명(盡人事待天命)' 등의 말은 인간으로서 자신이 할 수 있는 모든 노력을 경주하고자 하는 정성스러움을 함축하고 있다.

① 정직, 성실

② 성실, 정직

③ 근면, 성실

④ 준법, 성실

⑤ 성실, 준법

34. 다음 중 직장에서의 전화걸기 예절로 옳지 않은 것은?

① 전화를 건 이유를 숙지하고 이와 관련하여 대화를 나눌 수 있도록 준비한다.

② 전화는 정상적인 업무가 이루어지고 있는 근무 시간이 종료된 뒤에 걸도록 한다.

③ 정보를 얻기 위해 전화를 하는 경우라면 얻고자 하는 내용을 미리 메모하도록 한다.

④ 전화를 해달라는 메시지를 받았다면 가능한 한 48시간 안에 답해주도록 한다.

⑤ 전화는 직접 걸도록 한다.

35. 다음은 공수법에 관한 설명이다. 이 중 가장 바르지 않은 사항을 고르면?

① 공수할 때의 손을 모습은 위로 가는 손바닥으로 아래 손의 등을 덮어서 포개 잡는데, 두 엄지손가락은 깍지를 끼듯이 교차시킨다.
② 소매가 넓은 예복을 입었을 시에는 공수한 팔의 소매 자락이 수직이 되게 올리고 평상복을 입었을 때는 공수한 손의 엄지가 가슴 부위 위에 닿도록 자연스럽게 앞으로 올린다.
③ 여자의 공수는 평상시에는 오른손이 위로 가게, 흉사 시에는 반대로 왼손이 위로 가게 두 손을 포개 잡는다.
④ 남자의 공수는 평상시에는 왼손이 위로 가게, 흉사 시에는 반대로 오른손이 위로 가게 두 손을 포개 잡는다.
⑤ 공수하고 앉을 때의 공수한 손의 위치는 남자는 두 다리의 중앙에 얹고, 여자는 오른쪽 다리 위에 얹으며, 남녀 모두 한쪽 무릎을 세우고 앉을 때는 세운 무릎 위에 얹는다.

36. 다음 중 성 예절을 지키기 위한 노력으로 옳은 것은?

① 성희롱 문제는 사전에 예방할 수 없기 때문에 국가와 타협을 해야 한다.
② 여성은 남성보다 높은 지위를 보장 받기 위해서 그에 상응하는 여건을 조성해야 한다.
③ 직장 내에서 여성의 지위를 인정받기 위해 남성의 지위를 없애야 한다.
④ 성역할에 대한 과거의 잘못된 인식을 타파하고 남녀공존의 직장문화를 정착하는 노력이 필요하다.
⑤ 상대방의 나이를 알아보고 '님'이나 '씨'와 같은 호칭을 정한다.

37. 다음 설명은 직업윤리의 덕목 중 무엇에 해당하는가?

> 자신의 일이 누구나 할 수 있는 것이 아니라 해당 분야의 지식과 교육을 밑바탕으로 성실히 수행해야만 가능한 것이라 믿고 수행하는 태도를 말한다.

① 소명의식
② 직분의식
③ 전문가의식
④ 봉사의식
⑤ 천직의식

38. 다음 글에서 의미하는 공동체윤리의 덕목으로 가장 적절한 것은 어느 것인가?

> 오 사원은 민원실을 찾아 요청사항을 해결하고자 하는 고객에게 최선을 다한다. 항상 고객의 물음에 열성적인 마음으로 답을 해 줄뿐 아니라, 민원실 문을 열고 들어오는 고객을 발견한 순간부터 상담이 끝날 때까지 오 사원은 한시도 고객으로부터 시선을 떼지 않는다. 또한 상담 중에 다른 불편함이 있지나 않은 지 고객을 유심히 살피기도 한다. 가끔 상담을 마치고 민원실을 나서는 고객의 얼굴에선 오 사원의 태도에 매우 만족했음을 느낄 수 있다.

① 성실　② 봉사
③ 근면　④ 예절
⑤ 책임

39. 신입사원들과 사장과의 간담회 자리에서 갑, 을, 병, 정 4명의 신입사원들이 말한 〈보기〉와 같은 의견이 의미하는 직업윤리의 덕목을 순서대로 올바르게 나열한 것은 어느 것인가?

> 갑 : "제가 수행하는 업무는 누구나 할 수 있는 게 아니라 교육을 통한 지식과 경험을 갖추어야만 가능한 것이라고 믿습니다."
> 을 : "저는 제가 수행하는 일이 나에게 딱 맞는다는 긍정적인 생각을 갖고 업무 수행을 하는 것이 매우 중요하다고 생각합니다."
> 병 : "제가 이 회사에서 일할 기회를 갖게 된 것은, '저에게 주어진 업무가 하늘이 제게 맡긴 중요한 업무다.'라고 생각합니다."
> 정 : "자신의 일이 사회 전체에 있어 중요한 역할을 수행하는 것이라는 생각이야말로 무엇보다 중요하다고 봅니다."

① 전문가의식, 천직의식, 소명의식, 직분의식
② 천직의식, 직분의식, 전문가의식, 소명의식
③ 소명의식, 전문가의식, 소명의식, 직분의식
④ 직분의식, 소명의식, 전문가의식, 천직의식
⑤ 전문가의식, 소명의식, 직분의식, 천직의식

40. 다음과 같은 상황을 맞은 영업팀 최 대리가 취할 수 있는 가장 적절한 행동은 어느 것인가?

> 최 대리는 일요일을 맞아 오랜만에 가족들과 함께 가까운 교외로 나들이를 다녀오기로 하였다. 그러나 토요일 저녁 갑자기 베트남 지사로부터 전화가 걸려왔고, 월요일에 도착하기로 했던 바이어 일행 중 2명이 현지 사정상 일요일 오전 비행기로 입국하게 된다는 사실을 통보받게 되었다. 중요한 거래처 바이어인지라, 입국 후부터 모든 일정을 동행하며 불편함이 없도록 수행하기로 되어 있던 최 대리는 매우 난감한 상황에 놓이게 되었고, 가족과의 약속과 바이어 일행의 입국 문제를 놓고 어찌해야 좋을지를 고민하게 되었다.

① 휴일인 만큼 계획대로 가족들과의 나들이를 다녀온다.

② 지사에 전화하여 일요일 입국은 불가하며 어떻게든 월요일에 입국해 줄 것을 다시 한 번 요청해 본다.

③ 가족들에게 미안함을 표하며 바이어 수행을 위해 나들이를 다음 기회로 미룬다.

④ 가족과의 약속을 지키기 위해 동료인 남 대리에게 일요일 바이어 수행을 부탁한다.

⑤ 일요일 휴무를 정식 휴가로 돌려 사용하고 업무대행자를 찾도록 팀장에게 요청한다.

기계일반(40문항)

1. 다음은 구리의 특성에 관한 사항들이다. 이 중 바르지 않은 것은?

① 접합성과 연성이 우수하다.

② 가공이 용이하며 내식성이 우수하다.

③ 아름다운 색을 가지고 있으며 합금을 통하여 귀금속의 성질을 얻는다.

④ 유연성과 전연성이 좋다.

⑤ 안티몬(sb)을 혼합하면 소성과 전기전도도가 증가한다.

2. 다음 중 압접의 종류에 해당하지 않는 것은?

① 전기저항용접

② 플라즈마용접

③ 초음파용접

④ 마찰용접

⑤ 스터드용접

3. 불활성가스 아크용접에서 불활성가스는 무엇을 사용하는가?

① 수소, 아세틸렌

② 헬륨, 아르곤

③ 수소, 네온

④ 산소, 수소

⑤ 헬륨, 수소

4. 절삭속도 628m/min, 밀링커터의 날수를 10, 밀링커터의 지름을 100mm, 1날당 이송을 0.1mm로 할 경우 테이블의 1분간 이송량[mm/min]은? (단, π는 3.14이다)

① 1,000

② 2,000

③ 3,000

④ 4,000

⑤ 5,000

5. 다음 중 대량생산에 사용되는 것으로서 재료의 공급만 하여 주면 자동적으로 가공되는 선반은?

① 다인선반
② 자동선반
③ 모방선반
④ 탁상선반
⑤ 모형선반

6. 다음 중 샤프연필의 끝처럼 갈라진 틈을 조여 공작물을 물리는 척을 무엇이라 하는가?

① 연동척
② 단동척
③ 콜릿척
④ 마그네틱척
⑤ 유압척

7. 짧고 지름이 큰 일감을 절삭하는 데 유용한 선반은?

① 터릿선반
② 모방선반
③ 정면선반
④ 수직선반
⑤ 자동선반

8. 다음 중 센터리스연삭기에 대한 설명으로 옳지 않은 것은?

① 긴 축 재료의 연삭이 용이하다.
② 일감에 센터구멍을 뚫을 필요가 없다.
③ 연삭여유가 적어도 된다.
④ 작업자의 높은 숙련도가 필요하다.
⑤ 연속작업이 가능하여 대량생산에 적합하다.

9. 다음 중 비교 측정기는 어느 것인가?

① 큐폴라
② 다이얼 게이지
③ 셰이퍼
④ 하이트 게이지
⑤ 퍼스

10. 다음 중 나사의 원리를 이용한 측정기는?

① 다이얼 게이지
② 버니어캘리퍼스
③ 드릴 게이지
④ 마이크로미터
⑤ 사인바

11. 다음 중 주철을 용해시키는 대표적인 노는?

① 화로
② 전로
③ 큐폴라
④ 도가니로
⑤ 반사로

12. 다음 중 강의 5대 원소로 옳지 않은 것은?

① S
② Si
③ Mn
④ P
⑤ Ni

13. 다음 중 인바강의 특징을 잘 나타낸 것은?

① 경도의 불변강
② 길이의 불변강
③ 탄성의 불변강
④ 내마모성강
⑤ 내식성강

14. 다음 중 Cu + Pb의 합금을 나타내는 것은?

① 켈멧
② 베빗 메탈
③ 델타 메탈
④ 크로멜
⑤ 다우 메탈

15. 다음 중 황동의 합금원소로 옳은 것은?

① 철, 구리
② 구리, 주석
③ 주석, 아연
④ 구리, 아연
⑤ 구리, 주석

16. 다음 중 다이캐스팅에 대한 설명으로 옳지 않은 것은?

① 정밀도가 높은 표면을 얻을 수 있어 후가공 작업이 줄어든다.
② 주형재료보다 용융점이 높은 금속재료에도 적용할 수 있다.
③ 가압되므로 기공이 적고 치밀한 조직을 얻을 수 있다.
④ 제품의 형상에 따라 금형의 크기와 구조에 한계가 있다.
⑤ 표면이 아름답고 치수도 정확하므로 후가공 작업이 줄어든다.

17. 다음 중 인베스트먼트 주조법의 설명으로 옳지 않은 것은?

① 모형을 왁스로 만들어 로스트 왁스 주조법이라고도 한다.
② 생산성이 높은 경제적인 주조법이다.
③ 주물의 표면이 깨끗하고 치수 정밀도가 높다.
④ 복잡한 형상의 주조에 적합하다.
⑤ 사형주조법에 비해 인건비가 많이 든다.

18. 다음 중 응력집중현상 완화법으로 바르지 않은 내용은?

① 몇 개의 단면 변화부를 순차적으로 설치한다.
② 응력집중부에 보강재를 결합한다.
③ 단면의 변화가 완만하게 변화하도록 테이퍼 지게 한다.
④ 표면 거칠기를 정밀하게 한다.
⑤ 단이 진 부분의 곡률반지름을 작게 한다.

19. 다음 중 소재에 없던 구멍을 가공하는 데 적합한 것은?

① 브로칭(broaching)
② 드릴링(drilling)
③ 셰이핑(shaping)
④ 리이밍(reaming)
⑤ 밀링(milling)

20. 다음 중 냉간가공의 특징으로 바르지 않은 것은?

① 가공 면이 아름답다.
② 작은 변형응력을 요구한다.
③ 제품의 치수를 정확히 할 수 있다.
④ 가공경화로 인해 강도가 증가하고 연신율이 감소한다.
⑤ 가공방향으로 섬유조직이 되어 방향에 따라 강도가 달라진다.

21. 다음 중 전달 토크가 크고 정밀도가 높아 가장 널리 사용되는 키(key)로서, 벨트풀리와 축에 모두 홈을 파서 때려 박는 키는?

① 평 키

② 안장 키

③ 접선 키

④ 묻힘 키

⑤ 납작 키

22. 발전용량이 100MW이고 천연가스를 연료로 사용하는 발전소에서 보일러는 527℃에서 운전되고 응축기에서는 27℃로 폐열을 배출한다. 카르노 효율 개념으로 계산한 보일러의 초당 연료 소비량은? (단, 천연가스의 연소열은 20MJ/kg이다.)

① 8kg/s

② 16kg/s

③ 48kg/s

④ 60kg/s

⑤ 75kg/s

23. 한 쌍의 평기어에서 모듈이 4이고 잇수가 각각 25개와 50개 일 때 두 기어의 축간 중심 거리는?

① 150mm

② 158mm

③ 300mm

④ 316mm

⑤ 423mm

24. 관통하는 구멍을 뚫을 수 없는 경우에 사용하는 것으로 볼트의 양쪽 모두 수나사로 가공되어 있는 머리 없는 볼트는?

① 스터드 볼트

② 관통 볼트

③ 아이 볼트

④ 나비 볼트

⑤ 기초 볼트

25. 다음 중 사이클로이드 치형에 관한 내용으로 바르지 않은 것은?

① 중심거리가 정확해야 하고 조립이 어렵다.

② 언더컷이 발생하지 않는다.

③ 미끄럼률이 일정하고 마모가 균일하다.

④ 빈 공간이라도 치수가 극히 정확해야 하고 전위 절삭이 가능하다.

⑤ 압력 각이 변화한다.

26. 다음 중 구성인선 방지대책으로 가장 바르지 않은 항목은?

① 절삭속도를 되도록 빠르게 하는 것이 좋다.

② 공구반경을 되도록 작게 해야 한다.

③ 절삭 깊이를 크게 해야 한다.

④ 윤활성이 높은 절삭유를 사용해야 한다.

⑤ 바이트의 윗면경사각을 크게 해야 한다.

27. 인장강도란 무엇인가?

① 최대 항복응력

② 최대 공칭응력

③ 최대 진응력

④ 최대 전단응력

⑤ 최대 순간시동력

28. 일반 승용차나 오토바이 등에도 널리 사용되며, 축압 브레이크의 일종으로, 회전축 방향에 힘을 가하여 회전을 제동하는 제동 장치는?

① 블록 브레이크

② 밴드 브레이크

③ 드럼 브레이크

④ 원판 브레이크

⑤ 뾰족 브레이크

29. 20mm 두께의 소재가 압연기의 롤러(roller)를 통과한 후 16mm로 되었다면, 이 압연기의 압하율[%]은?

① 20%

② 40%

③ 60%

④ 80%

⑤ 100%

30. 다음 중 열간 가공의 특징으로 바르지 않은 것은?

① 소형제품의 생산에 유리하다.

② 재료의 균일화가 이루어진다.

③ 대량생산이 가능하다.

④ 적은 동력으로 큰 변형을 줄 수 있다.

⑤ 동력이 적게 들어 경제적이다.

31. 밀링가공에서 밀링커터의 날(tooth)당 이송 0.2mm/tooth, 회전당 이송 0.4mm/rev, 커터의 날 2개, 커터의 회전속도 500rpm일 때, 테이블의 분당 이송 속도[mm/min]는?

① 100

② 200

③ 400

④ 800

⑤ 900

32. 물체를 끌어올리는데 사용되는 것으로 머리 부분이 도너츠 모양으로 그 부분에 체인이나 훅을 걸 수 있도록 만들어져 있는 볼트는?

① 탭 볼트

② 아이 볼트

③ 관통 볼트

④ 기초 볼트

⑤ 스터드 볼트

33. 다음 중 축의 둘레에 여러 개의 키 홈을 깎아서 만든 것으로서 큰 동력을 전달할 수 있는 키는?

① 페더 키(feather key)

② 스플라인 키(spline key)

③ 반달 키(woodruff key)

④ 접선 키(tangent key)

⑤ 평 키(flat key)

34. 다음 중 인벌류트 치형에 대한 설명으로 가장 부적절한 것은?

① 압력각과 모듈이 모두 같아야 한다.

② 중심거리는 약간의 오차가 있어도 무방하며 조립이 상당히 어렵다.

③ 전동용으로 주로 사용된다.

④ 중심거리가 다소 어긋나도 속도비는 변하지 않고 원활한 맞물림이 가능하다.

⑤ 언더컷이 발생한다.

35. 재료의 성질 중 재료가 파괴되기(파괴강도) 전까지 에너지를 흡수할 수 있는 능력은?

① 소성

② 탄성

③ 인성

④ 경도

⑤ 연성

36. 절삭공구의 날 끝에 칩(chip)의 일부가 절삭 열에 의한 고온, 고압으로 녹아 붙거나 압착되어 공구의 날과 같은 역할을 할 때 가공 면에 흠집을 만들고 진동을 일으켜 가공 면이 나쁘게 되는 것을 구성인선(Built-up Edge)이라 하는데, 이것의 발생을 감소시키기 위한 방법이 아닌 것은?

① 효과적인 절삭유를 사용한다.

② 절삭깊이를 작게 한다.

③ 공구반경을 작게 한다.

④ 공구의 경사각을 작게 한다.

⑤ 이송을 되도록 적게 한다.

37. 다음 중 냉매가 지녀야 할 조건으로 바르지 않은 것은?

① 상온에서는 비교적 저압으로도 액화가 가능해야 하며 증발잠열이 커야 한다.
② 임계온도는 상온보다 높고, 응고점은 낮을수록 좋다.
③ 저온에서도 대기압 이상의 포화증기압을 갖고 있어야 한다.
④ 액체 상태에서나 기체상태에서 점성이 커야 한다.
⑤ 냉매가스의 비체적이 작을수록 좋다.

38. 다음 중 펌프에서의 수격현상에 관한 설명으로 옳지 않은 것은?

① 유체의 압력변동이 있는 경우에 수격현상이 발생하게 된다.
② 수격현상 방지 대책으로 관경을 작게 하고 유속을 높인다.
③ 수격현상 방지 대책으로 펌프에 플라이 휠(fly wheel) 설치하여 펌프의 급격한 속도변화를 방지한다.
④ 수격현상 방지 대책으로 배관은 가능한 직선적으로 시공한다.
⑤ 수격현상 방지 대책으로 조압수조 또는 수격방지기를 설치한다.

39. 다음 중 와이어 방전가공에 대한 내용으로 바르지 않은 것은?

① 가공액은 일반적으로 수용성 절삭유를 물에 희석하여 사용한다.
② 와이어 전극은 소모성 재료(구리, 황동, 흑연 등)이므로 재사용이 불가능하다.
③ 와이어는 일정한 장력을 걸어주어야 하는데 보통 와이어 파단력의 1/2 정도로 한다.
④ 강재판재에 곡선윤곽의 구멍을 뚫어 형판을 제작하려고 할 경우 가장 적합한 가공법이다.
⑤ 복잡하고 미세한 형상 가공이 상당히 어렵다.

40. 연삭숫돌의 입자가 무디어지거나 눈메움이 생기면 연삭능력이 떨어지고 가공물의 치수 정밀도가 저하되므로 예리한 날이 나타나도록 공구로 숫돌 표면을 가공하는 것을 나타내는 용어는?

① 트루잉(truing)
② 글레이징(glazing)
③ 로딩(loading)
④ 드레싱(dressing)
⑤ 스필링(spilling)

서 원 각
www.goseowon.co.kr